Ludwig Hagemann

Der Gott der Christen und Muslime

Ludwig Hagemann

Der Gott der Christen und Muslime

20.7.97

Johannes-Verlag Leutesdorf

Erste Auflage 1987

Umschlagbild: Blick auf Jerusalem von der Kirche
„Dominus flevit“ (Ölberg) aus;
Foto: Rudolf E. Brocke, Niederkassel-Mondorf

Gesamtherstellung: Druckerei des Johannesbundes e.V.
D-5458 Leutesdorf am Rhein

ISBN 3-7794-1060-5

Zu beziehen durch die *KSM*
Katholische Schriften-Mission, D-5458 Leutesdorf

Einführung

Wo immer Menschen leben, fragen sie, was der Sinn und Zweck ihres Lebens ist. Sie fragen nach dem Geheimnis ihrer Existenz, nach ihrem Woher und ihrem Wohin, nach ihrem Ursprung und ihrem Ziel. „Was ist der Mensch? Was ist Sinn und Ziel unseres Lebens? Was ist das Gute, was die Sünde? Woher kommt das Leid, und welchen Sinn hat es? Was ist der Weg zum wahren Glück? Was ist der Tod, das Gericht und die Vergeltung nach dem Tod? Und schließlich: Was ist jenes letzte und unsagbare Geheimnis unserer Existenz, aus dem wir kommen und wohin wir gehen?" Das sind jene Fragen, so das Zweite Vatikanische Konzil in seiner Erklärung über das Verhältnis der Kirche zu den nichtchristlichen Religionen aus dem Jahr 1965, auf die in verschiedenen Religionen Antwort gesucht wird.

Die Konzilsväter waren sich einig: Alle Völker sind eine einzige Gemeinschaft, sie haben denselben Ursprung, sie haben dasselbe Ziel: Gott.

Der Glaube an Gott als Ursprung und Ziel von Mensch und Welt ist die grundlegende Gemeinsamkeit zwischen Christen und Muslimen. In dieser für den Glauben zentralen Frage sind sie ein und derselben Meinung: Welt und Mensch verdanken ihren Ursprung nicht etwa einem blinden Zufall, sondern einem Schöpfer, Welt

und Mensch verfallen nicht der Sinnlosigkeit, der Leere, dem Nichts, sondern gehen auf ihr Ziel zu, auf Gott.
Wer ist dieser Gott, den Christen und Muslime gleichermaßen anbeten und verehren? Die Botschaft der Bibel und das Wort des Korans geben darauf Antwort.

1. Gott hat sich geoffenbart

„Viele Male und auf vielerlei Weise hat Gott einst zu den Vätern gesprochen durch die Propheten“ (Hebr 1, 1). Diese Überzeugung, daß sich Gott geoffenbart hat, gehört zum Gemeingut der drei großen monotheistischen Religionen biblischer Tradition: Judentum, Christentum und Islam.
Nach dem Alten Testament hat der Glaube an den einen Gott, der sich selbst geoffenbart hat, seinen Ausdruck im Bekenntnis des israelitischen Volkes gefunden: „Höre, Israel! Jahwe, unser Gott, ist der einzige Jahwe!“ (Dtn 6, 4). Dieses Bekenntnis unterscheidet den Glauben Israels von den Religionen der Hochkulturen seiner Umwelt. Seinen Grund hat dieses gläubige Bekenntnis in der Erfahrung des geschichtlichen Handelns Gottes an seinem Volk. Die Befreiung aus Ägypten als das nachhaltigste Erlebnis wurde auf Gottes Handeln zurückgeführt und als seine Tat gepriesen. In seinen Festversammlungen hat das israelitische Volk sich immer wieder an dieses Ereignis erinnert: Das Siegeslied am Schilfmeer (Ex 15, 1—19), ein sehr alter Text der Bibel, ist dafür ein eindrucksvolles Beispiel. Weil das Volk die rettende Macht Gottes, seine erlösende Kraft in konkret-historischer Situation erfahren hat, besingt es seinen Gott als König für immer und ewig. Nicht nur Erinnerung an längst Vergangenes klingt hier an, sondern zugleich Verheißung für Gottes Einsatz auch in Zukunft. Die Selbstoffenbarung und -vor-

stellung Gottes in Ex 3, 14 als „Jahwe", was soviel bedeutet wie der „Daseiende", enthält die Zusicherung seiner ständigen Gegenwart: Jahwe offenbart sich als der Herr der Geschichte, dessen Taten auch in Zukunft seine Treue zeigen werden. Mit der Offenbarung des Jahwe-Namens ist der Rückverweis auf den schon bekannten Gott der Väter verknüpft: Jahwe ist der Gott Abrahams, Isaaks und Jakobs (Ex 3, 15; 6, 2 f.). In seiner Selbstinterpretation als der stets Daseiende gibt sich Gott als dem Menschen zugewendet zu erkennen. Er ist bei aller Unfaßlichkeit und Unvergleichbarkeit — „Der Himmel und die Himmel der Himmel fassen dich nicht" (1 Kön 8, 27) — nicht der ferne Gott, sondern der nahe und anwesende Gott für jeden, der ihn anruft. Dafür bürgt er mit seinem Namen.

Von ihm spricht auch das Neue Testament: „Der Gott Abrahams, Isaaks und Jakobs, der Gott unserer Väter ..." (Apg 3, 13), „... der die Welt erschaffen hat und alles in ihr, er, der Herr über Himmel und Erde ..." (Apg 17, 24), „... der die Toten lebendig macht und das, was nicht ist, ins Dasein ruft" (Röm 4, 17), er ist „der Vater unseres Herrn Jesus Christus" (Röm 15, 6 u. a.). An ihn wenden wir uns als Christen, wenn wir beten: „Unser Vater im Himmel, geheiligt werde dein Name, dein Reich komme, dein Wille geschehe wie im Himmel, so auf Erden" (Mt 6, 9—10).

Auch der Muslim ist davon überzeugt, daß Gott sich zu verschiedenen Zeiten verschiedenen Völkern durch Propheten und Gesandte geoffenbart hat. Vor allem, so der Koran, hat Gott durch Abraham, Mose, Jesus und zuletzt durch Muhammad gesprochen, der den Menschen im Koran endgültig und unüberbietbar Gottes Wort gebracht habe. Der Koran als direktes Wort Gottes an die Menschen (Verbalinspiration) versteht sich als Bestätigung und Ergänzung der Thora und des Evangeliums. Er sieht die heiligen Schriften der Juden und Christen als von Gott auf Mose und Jesus herabgesandte Schriften an. Dementsprechend werden sowohl Juden als auch Christen als „Leute der Schrift" bezeichnet (vgl. Koran 2, 105. 145.; 5, 15. 19).

Überhaupt anerkennt der Koran alle Propheten, die im Auftrag Gottes in ihrer jeweiligen Zeit ihren Landsleuten und Zeitgenossen göttliche Offenbarungen übermittelt haben. Muhammad selbst sah sich und seine eigene Sendung in Kontinuität mit der Sendung und dem Auftrag der großen Gestalten der Propheten- und der Menschheitsgeschichte, mit Abraham, dem Verkünder der ursprünglichen, reinen Religion, mit Mose, dem Verkünder der Thora, und mit Jesus Christus, dem Verkünder des Evangeliums. Neben Abraham nehmen also Mose und Jesus als Übermittler eines geoffenbarten Buches eine bevorzugte Stellung ein: „Wir haben doch (seinerzeit) dem Mose die Schrift gegeben und nach ihm die (weiteren) Gesandten folgen lassen. Und wir haben Jesus, dem Sohn der Maria, die klaren Beweise gegeben und ihn mit dem heiligen Geist gestärkt" (Koran 2, 87).

Mit dem Koran werden zugleich Thora und Evangelium als von Gott geoffenbarte Bücher charakterisiert: „Er hat die Schrift mit der Wahrheit auf dich herabgesandt als Bestätigung dessen, was (an Offenbarungsschriften) vor ihr (das heißt der koranischen Schrift) da war. Er hat auch die Thora und das Evangelium herabgesandt, (schon) früher, als Rechtleitung für die Menschen. Und er hat die Rettung herabgesandt" (Koran 3, 3—4).

Ausführlich beschreibt der Koran das Verhältnis der drei Offenbarungsschriften — Thora, Evangelium, Koran — in Sure 5, 44—48. Alle drei Bücher sind Herabsendungen Gottes. Als solche bestätigen sie sich gegenseitig: Der Koran als letzte von Gott herabgesandte Schrift ist die Bestätigung von Thora und Evangelium; umgekehrt beglaubigen die früheren Offenbarungsschriften der Juden und Christen den Koran: „Wenn du über das, was wir (als Offenbarung) zu dir hinabgesandt haben, im Zweifel bist, dann frag diejenigen, die die Schrift (bereits) lesen (nachdem sie sie) vor dir (erhalten haben)!" (Koran 10, 94). Alle drei als von Gott geoffenbarte Bücher sind somit als eine Einheit zu sehen, enthält doch der Koran keine neuen, Thora und Evangelium widersprechenden Offenbarungen. So sieht sich Muhammad ganz und gar in der Reihe der früheren Propheten und seine Botschaft als die Wiederholung der früheren Offenbarungen. Der Koran will also nichts anderes sein als die arabische Fassung der einen Uroffenbarung, die den „Leuten der Schrift", Juden und Christen, gegeben wurde. Es gibt nur eine ewige Schrift bei Gott, die „Mutter des Buches" (Koran 3, 7 u. a.), die den verschiedenen

Völkern nacheinander in ihren jeweiligen Sprachen geoffenbart worden ist.

Bevor das israelitische Volk Gott aufgrund seiner Selbstmitteilung mit dem Namen Jahwe benennen konnte, hatte es seine Heilstaten an sich erfahren, unter denen, wie bereits erwähnt, die Herausführung aus Ägypten das fundamentalste und richtungweisendste Ereignis war. Das Rühmen dieses Geschehens findet als zentrales Bekenntnis in Dtn 26, 5b—9 seinen Ausdruck:
„Ein umherirrender Aramäer war mein Vater. Mit wenigen Leuten zog er hinab nach Ägypten und hielt sich dort als Fremdling auf, wurde aber daselbst zu einem großen Volke. Als uns dann die Ägypter schlecht behandelten und bedrückten und uns harten Frondienst auferlegten, schrien wir zu Jahwe, dem Gott unserer Väter, und Jahwe hörte auf unser Rufen und sah unser Elend, unsere Mühsal und Bedrängnis. Und Jahwe führte uns aus Ägypten weg mit starker Hand und ausgestrecktem Arme, mit großen Schrecken, unter Zeichen und Wundertaten. Er brachte uns an diesen Ort und gab uns dieses Land, ein Land, das voll Milch und Honig fließt."
Hier spiegelt sich die älteste Aussage wider, die Israel von seinem Gott machen konnte. Dieses Bekenntnis zu Gott, der das Heil will und schafft, wird im Alten Testament immer wieder aufgegriffen. Weil Gott das Heil will, wird er als der Gott der Güte, der Huld gepriesen. Güte und Huld stehen in en-

gem Zusammenhang mit dem Bund, den Gott mit Israel geschlossen hat. Gerade dann, wenn Israel diesen Bund gebrochen hat, seinem Gott untreu geworden ist, sich eben nicht bundesgemäß verhalten hat, gerade dann wird Gottes Güte und Huld als ungeschuldete Gnade, als sich erneut schenkende Liebe sichtbar: „Nur eine kleine Weile verließ ich dich, und mit großer Liebe hole ich dich wieder heim. Als sich mein Zorn ergoß, verbarg ich auf kurze Zeit mein Angesicht vor dir; doch mit ewiger Huld erbarme ich mich deiner, spricht Jahwe, dein Erlöser" (Jes 54, 7—8). Deswegen ist Gott auch der Gott der Barmherzigkeit. Diese Barmherzigkeit (rahamim) birgt von der Wortwurzel her die Mutterliebe (rehem = Mutterschoß) in sich. Die intimste Verbindung zwischen Mutter und Kind klingt an, wenn Jahwe als der barmherzige Gott gepriesen wird (vgl. Jes 49, 13—15). Die aus der Mutterschaft entspringende Liebe ist unverbrüchlich, unüberwindlich. Sie findet ihren Ausdruck in der nie endenden Treue Jahwes zu seinem Volk. Er ist „ein gnädiger und barmherziger Gott; langmütig und reich an Gnade und Treue" (Ex 34, 6). Trotz aller Untreue und allem Versagen des Volkes bleibt die Verläßlichkeit Gottes erhalten, seine Beständigkeit und unverbrüchliche Liebeszuwendung: „Denn das Wort Jahwes ist wahrhaftig, all sein Wirken ist Treue" (Ps 33, 4).

Nach koranischer Auffassung enthüllt Gott nicht das Geheimnis seines inneren Wesens, sondern nur das Geheimnis seines Handelns im Hinblick auf die Welt, insbesondere auf den Menschen. Hier zeigt er sich vor allem als der Allmächtige und als der Barmherzige. Der immer wieder aufgegriffene Gedanke der Allmacht verdeutlicht, wie erhaben Gott über jedes Geschöpf ist. Er lenkt in seiner weisen Vorhersehung das Geschick von Welt und Mensch, nichts geschieht ohne den absoluten und uneingeschränkten Willen Gottes. Alles Werden und Vergehen, Leben und Tod, Heil und Unheil sind in seinem Willen beschlossen. Er bestimmt den Lauf der Dinge und das Leben der Menschen; Glück und Unglück, Gesundheit und Krankheit, Freude und Schmerz — alles liegt in seiner Hand: „Sag: Uns wird nichts treffen, was nicht Gott uns vorherbestimmt hat“ (Koran 9, 51). Gerade aufgrund dieser Allmacht, der nichts entgeht und die ausführt, was sie will, ist Gott — wie in der biblischen Tradition — vor allem der Barmherzige (al-rahmãn), der Nachsichtige, der Verzeihende, der nicht aufhört zu vergeben, der Verteiler aller Güter, der Großmütige, der Geduldige und Mitleidende, dem man sich vertrauensvoll ganz überlassen kann. Das ist der Inhalt des Wortes Islam: völlige Hingabe an Gott und Unterwerfung unter seinen Willen.

Wie in der Bibel, so wird auch im Koran Gott nicht nur als der ferne transzendente Gott beschrieben, sondern zugleich als derjenige, der dem Menschen „näher als die Halsschlagader“ ist (Koran 50, 16); er ist der „Freund der Gläubigen“ (Koran 3, 68), der allein eine rettende „Freundschaft zu bieten“ hat (Koran 18, 44). Ihm bleibt nichts verborgen, er kennt die innersten Geheimnisse der Herzen: „... er weiß Bescheid über das, was die Menschen in ihrem Inneren (an Gedanken und Gesinnungen) hegen" (Koran 35, 38; 8, 70), „Gott weiß, wo (immer) ihr euch herumtreibt oder aufhaltet" (Koran 47, 19). Entsprechend heißt es in Psalm 139: „Jahwe, du erforschst mich, und du kennst mich; wann ich sitze und wann ich stehe, du weißt es. Meine Gedanken weißt du von ferne; du schaust mich, wann ich gehe und ruhe; all meine Wege sind dir vertraut... . Du kennst meine Seele bis auf den Grund ..." Diese inhaltliche Verwandtschaft mit den biblischen Büchern wird vom Koran ausdrücklich bestätigt. Allerdings könne von Gott nicht als Vater gesprochen werden, auch nicht im übertragenen Sinn, sagt der Koran und verneint strikt jede Vaterschaft Gottes, wie wir später noch sehen werden.

2. Es gibt nur einen einzigen Gott

Der Glaube an Gottes Nähe und an sein Handeln mit und an Israel geriet in eine schwere Krise, als 587 vor Christus Jerusalem zerstört wurde und für das israelitische Volk die Zeit des Babylonischen Exils anbrach. Hatte man sich seit Jahrhunderten auf dem Boden des Gelobten Landes in gläubiger Tradition der Heilstaten Jahwes erinnert, so stand man jetzt wieder, wie damals in Ägypten, unter fremder Herrschaft: Das Land war verloren. Hatte also Gott seine Zusicherung der Landverheißung zurückgenommen? Zerstört war Jerusalem und damit jener Ort, der Jahrhunderte hindurch als Stätte seiner Gegenwart und Treue, seiner erlösenden Zuwendung und seines geschichtlichen Handelns gegolten hatte. Jetzt war das Vertrauen in diesen Gott erschüttert. Hatten sich die Götter der Babylonier als mächtiger erwiesen?

In diese Situation hinein spricht Deuterojesaja, der Prophet im Babylonischen Exil: „Mit wem wollt ihr Gott vergleichen, und was wollt ihr neben ihn stellen?“ (Jes 40, 18). In aller Eindeutigkeit verkündet er die Einzigkeit Gottes: Es gibt nur einen einzigen Gott:

„So spricht der König Israels und sein Erlöser, Jahwe: Ich bin der Erste und der Letzte; außer mir gibt es keinen Gott. Wer ist mir gleich? Er trete auf, melde sich, er tue kund und lege es mir vor! Wer ließ von Urzeit her das Künftige hören, und das Kommende soll man uns künden! Fürchtet euch nicht und seid nicht bange! Hab ich es dir nicht längst schon kundgetan und angezeigt? Ihr seid meine Zeugen! Gibt es außer mir noch einen Gott? Von einem anderen Felsen weiß ich nichts. Die Götzenbildner sind allesamt nichtig, und ihre Lieblingswerke sind unnütz. Ihre Knechte sehen nichts und merken nichts, damit sie zuschanden werden. Wer einen Götzen macht und ein Bild sich gießt, tut es ohne Nutzen" (Jes 44, 6—10).

Das Werden und Vergehen, das Auf und Ab in Zeit und Geschichte berührt Jahwe in seinem Sein und seinem Selbst nicht: er ist und bleibt derselbe. „Vor mir ward kein Gott gebildet, noch wird es nach mir einen geben. Ich, ich allein bin Jahwe, außer mir gibt es keinen Helfer" (Jes 43, 10b—11). Dieser strikte Monotheismus duldet keinen Kompromiß:

„Unverständig sind, die sich mit dem Holz der Götzenbilder abschleppen und zu einem Gott flehen, der nicht helfen kann. Legt dar und bringt vor! Sie mögen sich beraten allzusammen: Wer hat das vor langer Zeit verkündet, es von altersher kundgetan? Nicht ich, Jahwe? Denn keinen Gott gibt es außer mir, dem gerechten Gott und dem Retter, keinen neben mir. Darum wendet euch zu mir und laßt euch retten, all ihr Enden der Erde! Denn ich bin Gott und keiner sonst!" (Jes 45, 20b—22).

Auch die Muslime vertreten einen strikten Monotheismus. Die Einzigkeit Gottes gehört zur Kernbotschaft des Islams. „Es gibt keinen Gott außer Gott", so lautet der erste Teil des islamischen Glaubensbekenntnisses. Unmißverständlich heißt es im Koran 109, 1—6: „Sag: Ihr Ungläubigen! Ich verehre nicht, was ihr verehrt, und ihr verehrt nicht, was ich verehre. Und ich verehre nicht, was ihr (bisher immer) verehrt habt, und ihr verehrt nicht, was ich verehre. Ihr habt eure Religion, und ich die meine." Damit waren die Weichen für die Verkündigung der Einheit und Einzigkeit Gottes gestellt. „Sag: Er ist Gott, ein Einziger, Gott, der souveräne (Herrscher). Er hat weder Kinder gezeugt, noch ist er (selber) gezeugt worden. Und keiner kann sich mit ihm messen" (Koran 112, 1—4).

Parallel zu der seither ständig verfochtenen Behauptung, es gebe nur einen Gott, verwarf Muhammad die Vorstellung von der Teilhaberschaft Gottes, das heißt, Gott andere Nebengötter beizugesellen (shirk). Diejenigen, die Gott Teilhaber zuschrieben, wurden als mushrikun bezeichnet, als Polytheisten; sie — so heißt es — begehen eine unverzeihliche Sünde: „Gott vergibt nicht, daß man ihm (andere Götter beigesellt). Was darunter liegt, vergibt er, wem er (es vergeben) will. Wenn einer (dem einen) Gott (andere Götter) beigesellt, hat er (damit) eine gewaltige Sünde ausgeheckt" (Koran 4, 48; 4, 116; 31, 13).

Die Vorstellung der Polytheisten, ihre Idole und Götzen, sind immer wieder Zielscheibe der Kritik Muhammads. Seine gegen sie vorgebrachten Argumente sind vielfältig. Aus der Vielzahl der Belegstellen sei wenigstens ein Text ausführlich zitiert:

„Sag: Lob sei Gott! und Heil (salam) sei über seinen Dienern, die er auserwählt hat! Was ist (als Gegenstand der Verehrung) vorzuziehen, Gott oder was sie (das heißt die Ungläubigen) ihm (an anderen Göttern) beigesellen? (Natürlich Gott) Oder wer (sonst) hat Himmel und Erde geschaffen und euch vom Himmel Wasser herabkommen lassen? Damit haben wir doch herrliche Gärten wachsen lassen, deren Bäume ihr nicht wachsen lassen könntet. Gibt es neben Gott einen (anderen) Gott? Aber nein! Sie sind Leute, die (vom rechten Weg) abweichen. Oder wer (sonst) hat die Erde zu einem (festen) Grund gemacht und zwischendurch Flüsse strömen lassen und feststehende (Berge) auf ihr angebracht und zwischen den beiden großen Wassern eine Sperre gemacht (so daß die Bereiche des Süß- und des Salzwassers gegeneinander abgetrennt bleiben)? Gibt es neben Gott einen (anderen) Gott? Aber nein! Die meisten von ihnen (das heißt den Menschen) wissen nicht Bescheid. Oder wer (sonst) erhört den, der in Not ist, wenn er zu ihm betet, und behebt das Unheil (das ihn getroffen hat) und setzt euch als Nachfolger (früherer Generationen) auf der Erde ein? Gibt es neben Gott einen (anderen) Gott? Wie wenig laßt ihr euch mahnen! Oder wer (sonst) führt euch in der Finsternis des Festlandes und des Meeres den rechten Weg, und wer (sonst) schickt die Winde, daß sie frohe Botschaft bringen (indem sie) vor seiner Barmherzigkeit (vorauseilen und Regen ankündigen)? Gibt es neben Gott einen (anderen) Gott? Gott ist erhaben über das, was sie (das heißt die Ungläubigen) (ihm an anderen Göttern) beigesellen. Oder wer (sonst) vollzieht die Schöpfung ein erstes Mal (zur Existenz im Diesseits) und wiederholt sie hierauf (bei der Auferweckung zur Existenz im Jenseits)? Und wer (sonst) beschert euch (den Lebensunterhalt) vom Himmel und (von) der Erde? Gibt es neben Gott einen (anderen) Gott? Sag: Bringt doch euren Beweis vor, wenn (anders) ihr die Wahrheit sagt!" (Koran 27, 59—64). Schier ungläubig, ja widersinnig ist die Vorstellung der Polytheisten, daß Gott sich ein Kind zugelegt habe: „Sie sagen: Der Barmherzige hat sich ein Kind zugelegt. (Sag): Da habt ihr etwas Schreckliches begangen. Schier brechen die Himmel (aus Entsetzen) darüber auseinander und spaltet sich die Erde und stürzen die Berge in sich zusammen, daß sie dem Barmherzigen ein Kind zuschreiben" (Koran 19, 88—91 u. a.). Gott hat kein Kind gezeugt, keine Gefährtin gehabt (vgl. Koran 72, 3; 6, 101). Eine solche Annahme würde zu konkurrierenden Machtansprüchen unter den verschiedenen Göttern führen: „Gott hat sich kein Kind zugelegt, und es gibt keinen (anderen) Gott neben ihm. Sonst würde jeder Gott das, was er geschaffen hat, (für sich) beiseite nehmen, und sie würden gegeneinander überheblich (und aufsässig). Gott sei gepriesen! (Er ist erhaben) über das, was sie aussagen" (Koran 23, 91 u. a.). Die Konsequenz aus solch fälschlicher Annahme wäre heilloses Chaos (vgl. Koran 21, 22).

Alle diese Motive und Argumente sollten dazu dienen, die Sinnlosigkeit des Polytheismus zu unterstreichen. So hoffte Muhammad seine Landsleute von der Richtigkeit und Wahrheit seiner Botschaft zu überzeugen: „Es gibt keinen Gott außer Gott." Auch wir Christen bekennen uns eindeutig zur Einzigkeit Gottes, wenn wir beten: „Ich glaube an den einen Gott" (Großes Glaubensbekenntnis), hat uns doch Jesus daran erinnert, daß das erste und wichtigste Gebot dieses ist: „Du sollst den Herrn, deinen Gott, lieben mit deinem ganzen Herzen und mit deiner ganzen Seele und mit deiner ganzen Kraft und mit deinem ganzen Denken und deinen Nächsten wie dich selbst" (Lk 10, 27; Dtn 6, 5). Auch Paulus bringt diesen Glauben zum Ausdruck; er schreibt: „Es gibt einen Herrn, eine Taufe, einen Gott und Vater aller, der da ist über allen und durch alle und in allen" (Eph 4, 5—6). Wenn wir daher mit Psalm 17, 32 sagen: „Wer ist Gott, wenn nicht Jahwe; wer ein Fels, wenn nicht unser Gott", dann sind wir als Christen Brüder der Muslime, die ebenfalls verkünden, daß es keine Gottheit außer Gott gibt. Ja, der Koran hebt ausdrücklich hervor: „Unser und euer Gott ist einer" (Koran 29, 46).

3. Gottes Bund mit den Menschen

Unter Bund versteht das Alte Testament das einzigartige Verhältnis des israelitischen Volkes zu seinem Gott, Jahwe. Das Alte Testament kennt eine ganze Reihe von göttlichen Bundesschlüssen, so den Noah-Bund (vgl. Gen 9), den Bund mit Abraham (vgl. Gen 15; 17), den Sinai-Bund (vgl. Ex 19 ff.), den Davidsbund (vgl. 2 Sam 7) und den sogenannten Levitischen Bund (vgl. Num 18, 19). Im Mittelpunkt steht dabei der Bundesschluß am Sinai: Zunächst ist von einer Erscheinung Jahwes die Rede (Ex 19, 16 ff.). Mose ist der Bundesvermittler. Als Bundesurkunde gilt der Dekalog („Zehn Gebote" [Ex 20, 1—17]). Darin ist festgelegt, wie sich das israelitische Volk als Eigentumsvolk Jahwes bundesgemäß, das heißt als Volk Gottes verhalten soll. Die Initiative zu diesem Bund ging von Gott aus. Die sich darin aussprechende Liebe zu Isarel — „Als Israel jung war, gewann ich es lieb, und aus Ägypten rief ich meinen Sohn" (Hos 11, 1) — trägt die Verpflichtung an Israel in sich, diesem seinem Gott treu zu sein: „Er verkündet euch seinen Bund, welchen er euch zu halten gebot, die zehn Worte ..." (Dtn 4, 13). „Weil ... ihr jenes schöne Land in Besitz nehmen dürft, müßt ihr euch in acht nehmen, daß ihr den Bund Jahwes, eures Gottes, nicht vergeßt, den er mit euch geschlossen hat, und euch ein Gottesbild verfertigt in der Gestalt von irgend etwas, was Jahwe, dein Gott, dir verboten hat" (Dtn 4, 22—23).

Weil aber das israelitische Volk den Bundessatzungen nicht treu geblieben ist, sondern immer wieder gegen sie verstoßen hat — von Bundesbrüchen ist die Rede (Ex 31 f.) —, kündigten die Propheten einen neuen Bund an: Gott werde einen neuen, unvergänglichen Bund schließen, heißt es bei Jeremia (vgl. 31, 31); Ezechiel spricht von einem „ewigen Friedensbund mit Israel“ (37, 26); Deuterojesaja macht den „Knecht Jahwes“ zum „Bund für das Volk“, sein Sühnetod wird „die vielen“ rechtfertigen (vgl. Jes 53, 10 ff.).
Diese Traditionen greift das Neue Testament auf. Analog zu Mose ist im Neuen Testament Jesus der „Mittler des Neuen Bundes“ (Hebr 12, 24). In ihm hat Gott den von den Propheten verheißenen Neuen Bund mit den Menschen geschlossen und damit den Sinai-Bund endgültig abgelöst. In Anspielung auf das beim alttestamentlichen Bundesschluß vergossene Opferblut von Tieren nennt das Neue Testament ausdrücklich das „Blut Christi“ als Stiftungszeichen des Neuen Bundes: Wie das Blut der Opfertiere einst am Sinai den Bund Jahwes mit seinem Volk besiegelte (vgl. Ex 24, 4—8), besiegelt am Kreuz das Blut Jesu den Neuen Bund zwischen Gott und den Menschen (vgl. Lk 22, 20 u. a.). Die universale Erlösung, von der Deuterojesaja gesprochen und die er dem „Knecht Jahwes“ zugewiesen hatte (vgl. Jes 42, 6; 49, 6; 53, 12), ist in Jesus Christus Wirklichkeit geworden und vollzogen. In ihm sind die Bundesverheißungen endgültig in Erfüllung gegangen: „Gott war es, der in Christus die Welt mit

sich versöhnt hat" (2 Kor 5, 19), und zwar „durch den Tod seines Sohnes" (Röm 5, 10), schreibt Paulus.

Um einen Bund Gottes mit den Menschen weiß auch der Koran. Danach hat Gott einem jeden Menschen den Grundgehalt der späteren prophetischen Verkündigung bereits in einer Uroffenbarung kundgetan: „Bin ich nicht euer Herr?", so hatte Gott die Nachkommen Adams gefragt, und sie hatten geantwortet: „Jawohl, wir bezeugen es" (Koran 7, 172). Und der Koran fügt hinzu, daß Gott diese Frage den Nachfahren Adams deshalb gestellt habe, damit sie am Tag der Auferstehung nicht etwa sagen könnten: „Wir hatten davon keine Ahnung" (Koran 7, 172). Diese Vorstellung einer Uroffenbarung und eines Urpaktes zwischen Gott und den Menschen will sagen, daß die Möglichkeit der Erkenntnis Gottes und damit die Anerkennung seiner absoluten Souveränität zutiefst im Herzen eines jeden Menschen verwurzelt, weil von Gott selbst angelegt, ist; folglich ist die Erkenntnis Gottes einem jeden Menschen grundsätzlich zugänglich und damit die Anerkennung von Gottes absoluter Souveränität für ihn verpflichtend. Dementsprechend heißt es im Koran: „Habe ich euch, ihr Kinder Adams, nicht verpflichtet, nicht dem Satan zu dienen, sondern mir zu dienen, was ein gerader Weg ist?" (Koran 36, 60—61). Auf die Möglichkeit, Gott zu erkennen, werden wir gleich noch zurückkommen.

4. Gott ist der Schöpfer

Schon in Gen 2, 4ff. wird der „Gott des Bundes“ als Schöpfergott vorgestellt und damit das Thema Schöpfung mit dem der Menschheitsgeschichte verknüpft. Auch in Gen 1 kommt der zwischen Schöpfung und Bundesgeschichte gespannte Bogen dadurch zum Ausdruck, daß der Erzähler das göttliche Erschaffen in den Rahmen des Wochenschemas stellt.

Am deutlichsten allerdings entfaltet Deuterojesaja (vgl. Jes 43, 1 f. u. a.) die Verbindung zwischen Schöpfung und Geschichte. Der, der die Welt ins Dasein gerufen hat, hat auch sein Volk geschaffen und erwählt: „Dein Gemahl ist ja dein Schöpfer — Jahwe Zebaot ist sein Name —, und dein Erlöser ist der Heilige Israels; ‚Gott der ganzen Erde‘ wird er genannt“ (Jes 54,5).

Gott schafft alles in souveräner Freiheit. Alles ist sein Geschöpf: Gestirne des Himmels, Pflanzen der Erde, Tiere des Wassers und des Feldes und ebenso der Mensch — und alles ist gut (vgl. Gen 1). Die Art und Weise, wie Gott Welt und Mensch erschaffen hat, kleidet das Alte Testament in verschiedene Wörter: machen, gestalten, gründen, bilden: „Und doch, Jahwe, du bist unser Vater; wir sind der Ton, du bist unser Bildner; das Werk deiner Hände sind wir alle“ (Jes 64, 7). Besondere Bedeutung hat das Wort „schaffen“ (= bara), weil es ausschließlich vom Schaffen Gottes ausgesagt wird. Sein Schaffen liegt

nicht auf der Ebene menschlichen Tuns, sondern Gott schafft durch sein Wort.
Daß Gott durch sein Wort schafft, ist auch die Auffassung des Korans. Vor allem durch sein schöpferisches Wort hat er Welt und Mensch ins Dasein gerufen: „Er ist der Schöpfer von Himmel und Erde. Wenn er eine Sache beschlossen hat, sagt er zu ihr nur: sei!, dann ist sie“ (Koran 2, 117; 36, 82; 6, 73 u. a.). Die ihm ureigene Art zu schaffen, was er will, ist die Schöpfung durch sein Wort: „Wenn wir eine Sache wollen, brauchen wir zu ihr nur sagen: sei!, dann ist sie“ (Koran 16, 40). Wie in der Bibel wird Gott auch als Bildner und Gestalter geschildert. Alles, was Gott geschaffen hat, ist gut (vgl. Koran 32, 7), ist er doch „der beste Schöpfer“ (Koran 37, 125). Innerhalb des geschöpflichen Seins ist der Mensch das Zeichen göttlicher Macht schlechthin, konkretestes Zeugnis des allmächtigen und gütigen Handelns Gottes: „Gott ist es, der euch die Erde zu einem (festen) Grund und den Himmel zu einem Bau, und der euch geformt und euch (dabei) schöne Gestalten gegeben hat, und der euch (allerlei) gute Dinge beschert hat“ (Koran 40, 64). Alles Geschaffene ist auf den Menschen hin zugeschnitten (Koran 36, 71—72; 16, 80—81 u. a.): Sonne und Mond sind für den Menschen zur Berechnung der Zeit bestimmt (Koran 55, 5), der Tag zur Beschaffung des Lebensunterhaltes, die Nacht zum Ausruhen (vgl. Koran 78, 9—11) und so weiter. So deutet die sinnvolle Harmonie des Kosmos hin auf den allmächtigen Gott als den Schöpfer und Erhalter des

Seins. Aus seiner Schöpfung kann der Schöpfer erkannt werden.

Davon ist auch der christliche Glaube überzeugt. Paulus schreibt, daß das, „was sich von Gott erkennen läßt", den Menschen zugänglich ist: „Gott selbst hat es ihnen kundgetan. Denn sein unsichtbares Wesen, seine ewige Macht und Göttlichkeit sind seit Erschaffung der Welt an seinen Werken durch die Vernunft zu erkennen" (Röm 1, 19—20). Die christliche Lehre hat im Laufe der Jahrhunderte immer wieder betont, daß es zwei Quellen der Erkenntnis Gottes gibt: die Schöpfung auf der einen und die Offenbarung auf der anderen Seite.

Die heiligen Schriften beider Religionen laden die Menschen ein, über die vielfältigen „Zeichen" und „Hinweise" auf Gott, die in der Schöpfung liegen, nachzudenken und Gottes Spuren in der Schöpfung ausfindig zu machen. In diesem Sinne haben christliche und muslimische Theologen auf Wegen, die verschieden, aber analog sind, Beweise für die Existenz Gottes aufgebaut. So gesehen sind Christen und Muslime zugleich Menschen der Vernunft und Menschen des Glaubens.

5. Gott ist der Richter

Gott ist nicht nur der Schöpfer, er ist auch der Richter. Gott fordert sein Volk zur Rechenschaft, wenn es untreu geworden ist: „Nun gieße ich in kurzem meinen Grimm aus über dich, erschöpfe meinen Zorn an dir; ich richte dich nach deinen Wegen und bringe alle deine Greuel über dich" (Ez 7, 8). Jeder wird nach seinem Verhalten gerichtet (vgl. Ez 18, 30; 33, 20). In anschaulichen Gerichtsbildern und vielfältigen Formen haben die Propheten das zum Ausdruck gebracht. Seit Amos (5, 18) gehört das Gerichtsbild vom „Tag Jahwes" zum festen Bestand der Zukunftserwartung, sei es in der Form eines Blutbades unter den Völkern oder in der Form eines Gerichtsaktes. „Die Vertilgung ist beschlossen, und das gerechte Gericht kommt wie eine Flut. Ja, die beschlossene Vertilgung wird der Herr, Jahwe Zebaot, vollziehen auf der ganzen Erde" (Jes 10, 22—23).

Schon in Gen 8, 21 wird Jahwe als Richter der ganzen Erde angesehen. Als Richter der Völker preisen ihn die Psalmen (7, 9 ff.; 67, 5). „Dann wird er richten zwischen den Völkern und vielen Nationen Schiedsrichter sein" (Jes 2, 4a).

Daß Gott der Richter ist, der die Menschen zur Rechenschaft zieht, zählt mit zur frühesten Verkündigung Muhammads. Ausgeprägte eschatologische Vorstellungen, in denen von der Unerbittlichkeit der göttlichen Abrechnung die Rede ist, gehören zum Grundbestand der koranischen Theologie. Gott ist der Richter der Menschen. Als „Herr des Ostens und des Westens“ (Koran 73, 9), als „Herr der Menschen in aller Welt“ (Koran 40, 64) wird er von ihnen Rechenschaft fordern, ihnen nach ihren Taten vergelten, sie belohnen oder bestrafen. In unzähligen Versen spricht der Koran vom Endgericht: „Die Stunde (des Gerichts) wird bestimmt kommen. An ihr ist nicht zu zweifeln“ (Koran 40, 59). Richter ist Gott allein. Er ist der gerechte Richter. Niemandem wird Unrecht getan, denn „Gott weiß über alles Bescheid“ (Koran 24, 64); vor ihm bleibt nichts verborgen: „Ihr mögt, was in euch ist, kundtun oder geheimhalten, Gott rechnet (dereinst) mit euch darüber ab ...“ (Koran 2, 284); dann wird „jedem voll heimgezahlt ..., was er begangen hat“ (Koran 2, 281).

So stimmt das, was der Koran sagt, im Prinzip mit dem überein, was wir als Christen glauben. Um mit Paulus zu sprechen: „Wir werden ja alle einmal vor dem Richterstuhl Gottes stehen“ (Röm 14, 10). Freilich muß hinzugefügt werden, daß nach christlicher Auffassung Gott alles das, „was im Menschen verborgen ist, durch Jesus Christus richten wird“ (Röm 2, 16), denn der Vater, so sagt das Johannesevangelium, hat „das Gericht ganz dem Sohn übertragen“ (5, 22).

6. Jesus Christus ist Gottes Sohn

Die vielfältigen gemeinsamen Grundlagen des biblischen und koranischen Gottesbildes können allerdings nicht darüber hinwegtäuschen, daß es zwischen dem Glauben eines Christen und dem eines Muslims tiefgreifende Unterschiede hinsichtlich des Gottesverständnisses gibt. Sie zu verschweigen hieße trügerisch mit der Wahrheit umgehen.
Daß Gott, so hatten wir mit dem Hebräerbrief gesagt, vielfach und auf vielerlei Weise einst zu den Vätern gesprochen hat (vgl. Hebr 1, 1), wird auch ein Muslim bedenkenlos unterschreiben können. Denn daß Gott zu verschiedenen Zeiten durch Propheten und Gesandte zu den Menschen gesprochen hat, das ist auch koranische Lehre. Jesus selbst gilt als eine der größten Persönlichkeiten der Prophetengeschichte (vgl. Koran 33, 7), ist er doch der Verkünder des Evangeliums. Damit steht er in der Reihe derer, die unmittelbar von Gott eine Offenbarungsschrift erhalten haben, wie vor ihm Mose, der Überbringer der Thora, und nach ihm Muhammad, der Übermittler des Korans. Daß aber Gott zuletzt, wie es im Hebräerbrief weiter heißt, durch seinen Sohn zu uns gesprochen hat, das wird vom Koran energisch bestritten. Denn: „Gott hat weder Kinder gezeugt, noch ist er selber gezeugt worden“ (Koran 112). Damit ist nach islamischem Verständnis Jesus nicht Gottes Sohn: „Die Christen sagen: Christus ist der Sohn Gottes. So etwas wagen sie offen auszu-

sprechen. Sie tun es denen gleich, die früher ungläubig waren ..." (Koran 9, 30). Auch als Gesandter Gottes und Verkünder des Evangeliums ist und bleibt Jesus ein gewöhnlicher Mensch, so will es der Koran. Deswegen dürfen Jesus keine Eigenschaften zugeschrieben werden, die ihm nicht zukommen (vgl. Koran 4, 171). Vor Gott stehen alle Menschen wie Sklaven da: „Es gibt niemand im Himmel und auf Erden, der nicht als Diener zum Barmherzigen kommen würde" (Koran 19, 93). Die Tatsache, daß Jesus im Koran als „Wort Gottes" bezeichnet wird (vgl. Koran 3, 39. 45; 4, 171), ist christlicherseits immer wieder zum Anlaß genommen worden, diese Charakterisierung im Sinne des Johannesprologs (vgl. Joh 1, 14) zu verstehen. Doch vebietet sich vom Koran her eine derartige Deutung. „Wort" als koranische Bezeichnung für Jesus bedeutet zweierlei:

— Jesus ist wie alles Seiende durch das Schöpfungswort Gottes ins Dasein gerufen worden, und
— Jesus ist als Prophet und Gesandter Gottes Verkünder von Gottes Wort, nicht das Wort selbst.

Als Christen beten wir im „Engel des Herrn": „Und das Wort ist Fleisch geworden." Der Islam sieht das anders. Bei ihm steht nicht eine *Person*, sondern ein *Buch* im Mittelpunkt des Glaubens. Für die Muslime ist Gottes Wort nicht „Fleisch", also „Mensch" geworden, sondern ein „Buch": Im Koran ist Gottes Wort in endgültiger Weise zu Buche geschlagen, das sagt der muslimische Glaube. Auch die koranische Bezeichnung Jesu als „Messias" kann nicht in einem christlichen Sinn verstanden werden. Zwar stammt das Wort aus der jüdisch-christlichen Umwelt Muhammads, doch hat er, ohne biblische Inhalte damit zu verbinden, diesen Titel mehr oder weniger unbesehen übernommen und als Ehrentitel auf Jesus übertragen.

Ganz anders stellt sich der christliche Glaube dar: Kern der Botschaft Jesu war die Verkündigung der „Herrrschaft Gottes". „Herrschaft Gottes" bedeutete für die zur Zeit Jesu unter römischer Fremdherrschaft stehenden Juden die Erfüllung eines alten Traumes: die Verwirklichung des auf Erden nie erfüllten Ideals eines gerechten Herrschers. Die meisten Zeitgenossen Jesu hofften auf diese kommende „Herrschaft Gottes", aber sie verstanden darunter sehr Unterschiedliches: Den einen erschien sie als Idealzustand von Herrschaft in dieser Welt, den anderen als Vollendung des Glücks nach dem Tod; für die einen bezog sie sich auf den gesamten Kosmos, für die anderen blieb sie einzig und allein auf das Volk Israel beschränkt.

Jesus, in diesen Traditionsströmungen stehend, hat die alte und dennoch lebendige Hoffnung auf die „Herrschaft Gottes" aufgegriffen, ihr jedoch einen neuen Sinn gegeben. Entscheidend ist für Jesus: Die „Herrschaft Gottes" ist nahe, das heißt, sie beginnt Wirklichkeit zu werden. Gott selbst wird diesen neuen Anfang setzen. Er selbst wird die Hoffnungen, Erwartungen und Sehnsüchte der Menschen erfüllen, wenn er seine „Herrschaft" aufrichtet, eine Herrschaft ganz anderer Art, ohne Macht und Gewalt, frei von Unterdrückung und Versklavung. Ihr typisches Kennzeichen ist die Liebe, Gottes Liebe zu allen Menschen. Der Evangelist Markus faßt diese Botschaft Jesu so zusammen. „Die Zeit ist erfüllt, das Reich Gottes ist nahe. Kehrt um und glaubt an das Evangelium!" (1, 15). Voraussetzung dafür, daß allein Gott herrschen und sein Reich der Liebe, der Gerechtigkeit und des Friedens errichten wird, ist die radikale Entscheidung des Menschen für Gott. Jeder einzelne Mensch ist hier gefordert. Im Gehorsam gegen Gott soll er sein Herz nicht an Geld und Eigentum (vgl. Mt 6, 19 ff.; Mk 10, 17 ff.), nicht an Recht und Ehre (vgl. Mt 5, 39 ff.; Mk 10, 42 ff.), nicht an Eltern und Familie (vgl. Lk 14, 26 f.; Mt 10, 34 ff.), sondern einzig und allein an Gott hängen. Daß diese „Herrschaft Gottes" bereits mit Jesus und seiner Botschaft angebrochen ist, wird deutlich in der Antwort Jesu auf die Anfrage Johannes' des Täufers: „Bist du der Kommende, oder sollen wir einen anderen erwarten?" Darauf sagte Jesus den Jüngern des Johannes: „Geht hin und berichtet dem Johannes, was ihr hört und seht. ‚Blinde sehen, Lahme gehen, Aussätzige werden rein, Taube hören, Tote werden auferweckt, und den Armen wird die Frohe Botschaft verkündet.' Und selig, wer an mir nicht Anstoß nimmt" (Mt 11, 3—6). Aus dieser Antwort Jesu folgt, daß er in seinem Wirken und Tun die Verheißung des Jesajabuches (vgl. 33, 5 f.; 61, 1) als erfüllt angesehen hat, daß also in ihm, Jesus, die „Herrschaft Gottes" und damit das eschatologische Heil für alle Menschen bereits angebrochen und wirksam ist. Dementsprechend hat Jesus, wie Lukas überliefert, schon bei seiner ersten Predigt in der Synagoge von Nazaret ein Wort aus dem Buch Jesaja (61, 1 f.) aufgegriffen und auf sich bezogen: „Der Geist des Herrn ruht auf mir, weil er mich gesalbt hat; er hat mich gesandt, Armen die Frohe Botschaft zu bringen, den Gefangenen Freiheit zu verkündigen und den Blinden das Augenlicht, Bedrückte in Freiheit zu entlassen, auszurufen ein Gnadenjahr des Herrn" (4, 18 f.).

Dieser Anspruch Jesu begegnet uns auch anderweitig im Neuen Testament: Mit Jesus ist die Stunde der Entscheidung gekommen. „Selig" nennt Jesus deswegen diejenigen, die in seinen Taten und Worten die Nähe des eschatologischen Heils erfahren und erleben können: „Selig sind eure Augen, weil sie sehen, und eure Ohren, weil sie hören. Denn wahrlich, ich sage euch: Viele Propheten und Gerechte begehrten zu sehen, was ihr seht, und sahen es nicht, und zu hören, was ihr hört, und hörten es nicht" (Mt 13, 16 f.; vgl. Lk 10, 23 f.). Ferner heißt es: Wenn schon die Königin des Südens kam, um die Weisheit Salomos zu hören (vgl. 1 Kön 10, 1 ff.): „Siehe, hier ist mehr als Salomo!" Und wenn sich die Bewohner von Ninive aufgrund der Predigt des Jonas bekehrten (vgl. Jona 3): „Siehe, hier ist mehr als Jona" (vgl. Lk 11, 30 ff.). Die von Jesus hier beanspruchte Autorität, mehr als Jona, mehr als Salomo, ja sogar mehr als Mose zu sein: „Ihr habt gehört, daß zu den Alten gesagt worden ist ... Ich aber sage euch ..." (Mt 5, 21 ff.), dieser Anspruch ist einmalig;

er sprengt den Rahmen alles bisher Dagewesenen. Deswegen hat das Neue Testament Jesus jenen Titel zugelegt, der aus der alttestamentlichen Tradition heraus diesem Anspruch gerecht wird, und in ihm den erwarteten MESSIAS gesehen, der griechisch Christós, lateinisch CHRISTUS heißt, und ihn deswegen als JESUS CHRISTUS bezeichnet.
Weil Jesus zutiefst aus dem Willen Gottes, den er seinen Vater nannte (vgl. Mk 14, 36 u. a.), lebte, weil er sich eins mit ihm wußte, bezeichnet ihn das Neue Testament als „Sohn Gottes“. Gleich zu Beginn seines Evangeliums nimmt Johannes diesen Gedanken auf: „Und das Wort ist Fleisch geworden und hat unter uns gewohnt, und wir haben seine Herrlichkeit geschaut, eine Herrlichkeit als des Eingeborenen vom Vater, voll Gnade und Wahrheit“ (1, 14). Die Geschichte Jesu wird als Geschichte der Offenbarung des Gottessohnes gedeutet und das Geheimnis der Menschwerdung Gottes in Jesus Christus entfaltet. Deswegen bekennt ihn Thomas als „Herrn und Gott“ (Joh 20, 28). In seinem Brief an die Philipper zitiert Paulus einen Hymnus, der schon bald nach Jesu Tod und Auferweckung entstanden war und den Glauben an Jesus Christus so zusammenfaßt:
„Er war Gott gleich, hielt aber nicht daran fest, wie Gott zu sein, sondern er entäußerte sich und wurde wie ein Sklave und den Menschen gleich. Sein Leben war das eines Menschen; er erniedrigte sich und war gehorsam bis zum Tod, bis zum Tod am Kreuz. Darum hat ihn Gott über alle erhöht und ihm den

Namen verliehen, der größer ist als alle Namen, damit alle Mächte im Himmel, auf der Erde und unter der Erde ihre Knie beugen, vor dem Namen Jesus, und jeder Mund bekennt: ‚Jesus Christus ist der Herr' zur Ehre Gottes des Vaters" (Phil 2, 6—11). Dies ist das für uns Christen grundlegende Glaubensbekenntnis.

7. Jesus Christus ist der Erlöser der Welt

Das Bekenntnis zu Jesus Christus als Sohn Gottes ist zweifellos der tiefstgreifendste Unterschied zwischen Christen und Muslimen. Der muslimische Glaube an die Einheit und Einzigkeit Gottes schließt von sich aus jede Möglichkeit der Kindschaft oder Sohnschaft aus. Die Lehre von der Gottessohnschaft Jesu, so wird gesagt, gehe nicht auf Jesus selbst zurück, sondern sei als Verfälschung seiner Botschaft durch die Christen und ihre Theologen anzusehen. Auch sei Jesus nicht am Kreuz gestorben, sondern ein anderer, der ihm ähnlich schien. Das Scheitern eines Propheten ist eine den Aussagen des Korans zuwiderlaufende Tragik ohne Sinn, die Gott nicht zulassen würde. Das Ärgernis des Kreuzes, von dem Paulus spricht (vgl. 1 Kor 1, 23), hat in den Aussagen des Korans keinen Platz. Hinzu kommt, daß die Vorstellung eines Erlösers dem Koran fremd ist. Was wir Christen als Erbsünde bezeichnen, findet sich im Koran nicht. Wohl gibt es Sünden, nicht aber die Sünde, die in die Welt gekommen ist, wie es im Römerbrief heißt (vgl. 5, 12). Daß erst durch das Kreuz den Menschen Heil und Erlösung geschenkt worden ist, diese Deutung kennt der Koran nicht.

8. Der eine Gott in drei Personen

Der Vorwurf gegen die Christen, die ursprüngliche Botschaft Jesu verfälscht zu haben, resultiert aus dem muslimischen Glauben an die Einheit und Einzigkeit Gottes: „Ich bezeuge: Es gibt keinen Gott außer Gott ..." Der Koran betont immer wieder: Es gibt nur einen einzigen Gott. Dieses Bekenntnis wendet sich auch gegen die christliche Lehre von der Dreieinigkeit Gottes: „Ungläubig sind diejenigen, die sagen: Gott ist einer von dreien. Es gibt keinen Gott außer dem einzigen Gott. Und wenn sie mit dem, was sie sagen, nicht aufhören, so wird diejenigen von ihnen, die ungläubig sind, eine schmerzhafte Strafe treffen" (Koran 5, 83). Allerdings trifft dieser Vorwurf des Korans nicht die authentische christliche Trinitätsauffassung. Hier wird der christliche Dreifaltigkeitsglaube als Tritheismus, als Glaube an drei Götter, mißverstanden und vielleicht als eine Trias aus Gott (Vater), Maria (Mutter) und Jesus (Kind) aufgefaßt: „Und (dann), wenn Gott sagt: Jesus, Sohn der Maria! Hast du (etwa) zu den Leuten gesagt: Nehmt euch außer Gott mich und meine Mutter zu Göttern? ..." (Koran 5, 116). Damit wäre der christliche Glaube an den dreifaltigen Gott als den Vater, den Sohn und den Heiligen Geist mißverstanden. Dieser Glaube ist im Neuen Testament grundgelegt und vielfältig bezeugt. Erinnert sei an jene Glaubensformel, die wir wiederholt bei Paulus finden: „Die Gnade des Herrn Jesus Christus und die

Liebe Gottes und die Gemeinschaft des Heiligen Geistes sei mit euch allen" (2 Kor 13, 13 u. a.). Derartige im Neuen Testament festgehaltene Glaubensbekenntnisse sind dann in der Folgezeit in Auseinandersetzung mit dem Denken der jeweiligen geistigen Situation, in der man stand, in ihrer Sprache und Begrifflichkeit näherhin erklärt und entfaltet worden. In der Kurzform „Eine Wesenheit, drei Personen" faßte man den Glauben an das Geheimnis der Dreifaltigkeit des einen Gottes zusammen. Wie sehr man sich christlicherseits um eine adäquate sprachliche Formulierung des Trinitätsglaubens, der die Einheit in der Dreiheit betont und damit jede Art des Tritheismus ausschließt, bemüht hat, führt uns unter anderem das sogenannte Athanasianische Glaubensbekenntnis (5./6. Jahrhundert) vor Augen: „Dies ist ... der katholische Glaube: Wir verehren den Einen Gott in der Dreifaltigkeit und die Dreifaltigkeit in der Einheit, ohne Vermengung der Personen und ohne Trennung der Wesenheit. Eine andere nämlich ist die Person des Vaters, eine andere die des Sohnes, eine andere die des Heiligen Geistes. Aber Vater und Sohn und Heiliger Geist haben nur eine Gottheit, gleiche Herrlichkeit, gleiche ewige Majestät. Wie der Vater, so der Sohn, so der Heilige Geist. Unerschaffen ist der Vater, unerschaffen der Sohn, unerschaffen der Heilige Geist. Unermeßlich ist der Vater, unermeßlich der Sohn, unermeßlich der Heilige Geist. Ewig ist der Vater, ewig der Sohn, ewig der Heilige Geist. Und doch sind es nicht drei Ewige, sondern ein Ewiger, wie auch nicht drei Unerschaffene und nicht drei Unermeßliche, sondern Ein Unerschaffener und Ein Unermeßlicher. Ebenso ist allmächtig der Vater, allmächtig der Sohn, allmächtig der Heilige Geist, und doch sind es nicht drei Allmächtige, sondern Ein Allmächtiger. So ist der Vater Gott, der Sohn Gott, der Heilige Geist Gott, und doch sind es nicht drei Götter, sondern es ist nur Ein Gott. So ist der Vater Herr, der Sohn Herr, der Heilige Geist Herr, und doch sind es nicht drei Herren, sondern es ist nur Ein Herr. Denn wie wir nach der christlichen Wahrheit jede Person einzeln als Gott und Herrn bekennen, so verbietet uns doch auch der katholische Glaube, drei Götter oder Herren anzunehmen. Der Vater ist von niemand gemacht, noch geschaffen, noch gezeugt. Der Sohn ist vom Vater allein, nicht gemacht, noch geschaffen, sondern gezeugt. Der Heilige Geist ist vom Vater und vom Sohn, nicht gemacht, noch geschaffen, noch gezeugt, sondern hervorgehend. Es ist also Ein Vater, nicht drei Väter, Ein Sohn, nicht drei Söhne, Ein Heiliger Geist, nicht drei Heilige Geister. Und in dieser Dreieinigkeit ist nichts früher oder später, nichts größer oder kleiner, sondern alle drei Personen sind sich gleich ewig und gleich groß, so daß in allem, wie bereits vorhin gesagt wurde, sowohl die Einheit in der Dreifaltigkeit als auch die Dreifaltigkeit in der Einheit zu verehren ist. Wer daher selig werden will, muß dies von der heiligsten Dreifaltigkeit glauben" (Zitiert nach: Neuner-Roos, Der Glaube der Kirche in den Urkunden der Lehrverkündigung, Regensburg ^{7}1965, Nr. 836.)

9. „Brüderliche Solidarität in Gott“

Der islamische Vorwurf gegen die Christen, an drei Götter zu glauben, beruht — wie wir gesehen haben — auf einem Mißverständnis, einem Mißverständnis mit weitreichenden Folgen, vom Unverständnis bis hin zur Unversöhnlichkeit. Das Wissen darum und die gegenseitige Bemühung, den Glauben des anderen jeweils authentisch zu verstehen und wiederzugeben, ist die erste Voraussetzung für einen aufrichtigen Dialog zwischen Christen und Muslimen, die, wie Papst Johannes Paul II. sagte, „unter der Sonne des einen barmherzigen Gottes“ stehen und aufgrund ihrer „brüderlichen Solidarität in Gott“ miteinander verbunden sind.

Literaturhinweis

Weiterführende Literatur von demselben Autor:

Hagemann, Ludwig:
Christentum. Für das Gespräch mit Muslimen, Altenberge ^{3}1986.

Christentum und Islam zwischen Konfrontation und Begegnung (Studien 4), Altenberge 1983.

Propheten — Zeugen des Glaubens. Koranische und biblische Deutungen (Islam und westliche Welt, Bd. 7), Graz — Wien — Köln 1985.

In Zusammenarbeit mit *A. Th. Khoury:*
Christentum und Christen im Denken zeitgenössischer Muslime (Studien 7), Altenberge 1986.

Biblische Schriften (Abkürzungen)

AT: Altes Testament

Gen	Genesis
Ex	Exodus
Lev	Levitikus
Num	Numeri
Dtn	Deuteronomium
Jos	Josua
Ri	Richter
Rut	Rut
1 Sam	1 Samuel
2 Sam	2 Samuel
1 Kön	1 Könige
2 Kön	2 Könige
1 Chr	1 Chronik
2 Chr	2 Chronik
Esr	Esra
Neh	Nehemia
Tob	Tobit
Jdt	Judit
Est	Ester
1 Makk	1 Makkabäer
2 Makk	2 Makkabäer
Ijob	Ijob
Ps	Psalmen
Spr	Sprichwörter
Koh	Kohelet
Hld	Hohelied
Weish	Weisheit
Sir	Jesus Sirach
Jes	Jesaja
Jer	Jeremia
Klgl	Klagelieder
Bar	Baruch
Ez	Ezechiel
Dan	Daniel
Hos	Hosea
Joël	Joël
Am	Amos
Obd	Obadja
Jona	Jona
Mich	Micha
Nah	Nahum
Hab	Habakuk
Zef	Zefanja
Hag	Haggai
Sach	Sacharja
Mal	Maleachi

NT: Neues Testament

Mt	Matthäus-evangelium	1 Tim	1. Timotheusbrief
Mk	Markus-evangelium	2 Tim	2. Timotheusbrief
Lk	Lukasevangelium	Tit	Titusbrief
Joh	Johannes-evangelium	Phlm	Philemonbrief
Apg	Apostelgeschichte	Hebr	Hebräerbrief
Röm	Römerbrief	Jak	Jakobusbrief
1 Kor	1. Korintherbrief	1 Petr	1. Petrusbrief
2 Kor	2. Korintherbrief	2 Petr	2. Petrusbrief
Gal	Galaterbrief	1 Joh	1. Johannesbrief
Eph	Epheserbrief	2 Joh	2. Johannesbrief
Phil	Philipperbrief	3 Joh	3. Johannesbrief
Kol	Kolosserbrief	Jud	Judasbrief
1 Thess	1. Thessalonicher-brief	Offb	Offenbarung
2 Thess	2. Thessalonicher-brief		

Der Koran

S: Sure

Die Umschrift arabischer Buchstaben erfolgt nach der „Shorter Encyclopaedia of Islam“, Leiden — London 1961 (repr.).
Gebräuchliche arabische Namen und Begriffe sind der deutschen Schreibweise angeglichen.

Inhaltsübersicht

Schriften zum Thema Islam
im Johannes-Verlag Leutesdorf

Allah ist größer — die Welt des Islam
Von Aloys Butzkamm
1973. 32 Seiten. Geheftet
Bestellnummer: A 65
ISBN 3-7794-0560-1

Muslime in unseren Gemeinden
Von Alfred Weitmann
1983. 64 Seiten. Kartoniert
Bestellnummer: T 68
ISBN 3-7794-0896-1

Juden — Christen — Muslime im Gespräch
Warum gibt es eine bedenkliche Zurückhaltung?
Von Dr. Adel Theodor Khoury
1986. 32 Seiten. Geheftet
Bestellnummer: T 69
ISBN 3-7794-1004-4

Zu beziehen durch die *KSM*
Katholische Schriften-Mission, D-5458 Leutesdorf